JN439768

강 영 환 시집

울 밖 낮은 기침소리

강영환 시집

울 밖 낮은 기침소리

지은이 강영환
펴낸이 최명자

펴낸곳 책펴냄열린시
주 소 부산광역시 중구 중앙동 3가 14-1번지
전 화 051-464-8716
출판등록번호 제 02-01-256호
출판등록일 1991년 2월 4일

인쇄일 1판 1쇄 2010년 10월 10일
발행일 1판 1쇄 2010년 10월 20일

값 8,000 원

ISBN 978-89-87458-71-7 03810

□자서

세월이 더 지나도 사랑노래는 가능할는지 알 수 없다. 어둠 때문에 그러지 못한다는 건 핑계가 되겠지만 딱히 말한다면 구강구조가 거리가 먼 탓일 게다. 사랑이 결핍된 이 땅에서 이웃에게 희망을 주지 못하고 발효가 덜 된 말들로 목에 걸린 가시처럼 쓰리고 아프게 하지 않을까 걱정이다.

저물녘이 아름답게 느껴지는 나는 다시 한 구비를 돌아가야 할 길목에 섰다. 이곳에 남은 시들은 눈이 아파 더 오래 붙들지 못하고 그만 놓아 버릴 수밖에 없는 조건없는 아픔과 사랑의 편린들이다.

새로 가정을 꾸리는 딸의 행복을 빌고, 발문으로 재수록을 허락해 준 최영철 시인에게 고마움을 전한다.

2010 경인년. 10

숨비소리

난장에 서다

냉정별리

지독한 사랑

숨비소리

역사驛舍 앞에서

새로 쏟아지기 시작한 분수처럼
낡은 문을 밀치고 승객들이 나선다
한랭전선이 지나가는 길 위에서 누구인가
발밑에 떨어진 나뭇잎들이 눈부시다
흩어진 잎은 부서져 티끌이 되고
한 때 미친 회오리바람에 쓸려
분수대를 말없이 떠난 물방울이
광장 바닥에 납작 엎드려 말라 간다
기차가 떠나지 않은 역사 밖에는
술에 취한 노숙인들이 떨어져
돌이킬 수 없는 낙엽처럼 쭈구러든다
이제, 집이 없어도 집으로 돌아갈
예정된 시간이 돌아 온 것일까

길을 걷다

사랑하는 아우야
날씨가 좋지 않아도 네 갈 길이 있다면
머뭇거리지 말고 발을 넣어라
길은 오랫동안 기다려 주지 않았느냐
키가 커서 발이 맞을 때까지 길은
비바람 속에서 몸을 낮추고 있었느니
길에게 너를 보내는 것은
네 빌자국을 살아나게 하는 일이며
발가락을 신나게 춤추게 하는 거란다
주저 말고 길에게 너를 보내어라
닳아 못 쓰게 된 구두를 버리고
길을 신어라 몸에 맞을 때까지
걸어서 네 머리끝에 닿아
오래 기억하고 싶은 길을 만들어라
길가에 나무를 심고 새를 불러
입맛은 벌써 먹기 좋은 길을 만들었다
황홀한 걸음을 오래 기억하는 발이 되도록
발가락에도 힘주어 발톱을 세워라

길 위에 지워지지 않는 발자국을 찍어
길이 오래도록 너를 기억하도록
날씨가 좋아도 길을 믿지 마라
어느 틈에 네 발목을 비틀어서
무좀 발을 쉽게 버릴지 모른다
그러기 전에 네가 먼저 길을 사랑하라
길이 너를 포기하지 못하도록
길의 심장에 깊이 각인시켜
너를 그리워하도록 만들어라 그리하여
날씨가 좋지 않다고 포기하지 마라
너는 길을 그리워했고, 아우야
길은 오랫동안 너를 기다려 주었다

낡은 정거장

집을 떠나서도 도요새는
한 곳에 머무는 법이 없다
산정에서도 무너진 강가에서도
산골 간이역 역사驛舍에서도 먼저
돌아가는 기차를 확인한다

사람을 지긋하게 겪어내지 못하는 일도 다
한 곳에 머무르지 못하는 탓이다
길을 떠도는 이에게는
누굴 사랑하는 일도 짐이 되든가
늘 떠나는 변명을 찾기 일쑤다

하늘 높이 나는 도요새는
눈雪길 밟는 일도 부담이 되든가
도시를 떠나 산으로 들고
산을 떠나 이제 어디로 갈 것인가
머물지 못하고 떠나는 저물녘 연기여

그리고 손이여, 발이여, 몸이여
사는 일에 서툴러 쉬 날개 접지 못하고
지상에 내려서서도 궂은 하늘 가듯하는
한 곳에 마음 붙이지 못하는 날개가
지상에 남기고 가는 낡은 정거장, 하나

등꽃

사월에 보라색 등꽃이 켜진다
길이 어둡다고 신이 내건 실수다
위에서 가만히 내려다보다 보다 못해
봄에게 시킨 것이 잘못이다
들놀이 술추렴에 정신 나간 머슴이
무심코 등을 일찍 켜버린 것이다
4월에 불 밝힐 일이 무엇이 있다고
벚꽃, 게나리, 진달래, 철쭉, 산목련, 산제비, 오랑캐꽃, 애기똥풀꽃, 얼레지, 민들레까지
널리 불을 켜든 마당에 새삼
수없는 등을 켜서 나비를 부를까
오월이 되면 눈에 시린 궁핍한 벌판에다
내 걸 다른 등이 남아 있기나 한 걸까
4월 꽃등을 엿본 실수가 아프다

숨비소리

어둠이 무서운 아이가 운다
배가 고파 울고 잠이 와서 울고
낮은 골목길에 넘어져 울고
눈물은 그것들 속에서 커간다
낭패한 아비가 촛불을 밝혀 들지만
목 쉰 아우성은 밀려나지 않고
문 밖에서 독한 눈물이 떨어진다
숨 넘어가는 눈물을 누가 부르는가
적막을 베어 먹는 아이와 함께
아비, 어미 부둥켜안고 우는 밤
구설이 남긴 불티마저 사그라진 골목
하얗게 탄 눈썹이 진다 불면 속으로
아픈 창을 열어젖힌 이웃이
아비가 토하는 숨비소리를 삼킨다

노을빚기

그러기 위해선 오랜 시간이 필요하다
하늘을 흔드는 나뭇가지 끝에서
눈물로 지키고 앉은 저물녘을 불러
저문 강 빈 잔에 붉은 피 흘려
가득 마시게 하는 일은 그러나
노을이 익으려면 아직은 멀다

너 많은 수혈이 필요하고
더 많은 빛이 죽어야 한다
익어서 떨어지기 위해서는
소리없이 다가서는 어둠에 부딪혀
섬광이 되는 아픔이 있어야 한다
전 생애가 깨어져 달아나도록

그러나 캄캄한 절망은 아직 이르다
칼날을 피하기 위해 몸부림치고
창백하게 물 든 창을 열어
한 잔 포도주로 세우는 아침

도려내 보낸 심장이라도 터져 숱하게
날려 보낸 나비가 불 타 지더라도
붉은 날개는 재가 되어 돌아왔으면

아직은 바람에 불려가도 소용이 없다
저물녘 강가에 닿아서도 몸 다 내어 주고
끝내 이루지 못하는 오르가즘
채울 수 없는 허기를 안고 돌아 와
저물녘 흰강을 따라 죽지 못하는
내 젊은 피가 흘러간다

백제로 가는 눈보라

겨울은 백제에 가서 앉은뱅이가 되었다
창틈으로 매운바람을 불러들이고
속상한 누가 담너머로 엿보던 황산벌에
키 큰 눈보라가 간다
낙화암 끝에 백제왕이 서서 울고 있다
눈물이 방울방울 맺혀 처마 끝으로
잃어버린 땅을 향해 날을 세우지 않던가
어디로 떠날 것인가 소문도 없이
겨울 아닌 벌판은 어느 곳에도 없고
비수를 거둬들일 봄은 아득하다

울지 마라 계백은 잠들지 않았다
동토를 떠나지않고 장검을 든 그대
빌어먹을 봄 뒤뜰에서 울고 있으리라
낙화암 벼랑 끝으로 달려가는 키 큰 눈보라
백제벌에 내리는 오백의 창검일지니
봄 아닌 곳은 어디에도 없다 두어라
벌판에 청보리는 누가 심은 것이냐

앉지 못하고 문을 두드리는 눈발이여
삭정이 끝에 맺히는 눈물은 여태
백강에 흐르는 봄을 지키고 섰구나

겨울行 모과나무

좁은 뜰이었지 아마, 밝은 그늘에 서서
한 움큼 흔들리는 빛을 셈하던 때가
한 십년 쯤 멀미를 목에 두르고
담너머에 가지를 뻗어 출렁거렸다
숲 깊이 숨어간 후투티를 손짓해 내고
스며 땅 밑에 흐르는 물소리를 불러 내고
신명난 가위소리에 어깨 움츠리며
샛바람 풀어 구조신호를 보내기도 했던

다시 가로 막힌 세종로에 새삼스러운
거친 발자국 소리가 지나간다
낙동강 뿌리를 흔드는 삽질소리 들린다
온 몸에 가시를 돋우고
가로나무끼리 손을 잡아야 하는 이유
길거리에는 다시 겨울이 온 것이다

눈雪은 꿈쩍하지 않았다 바람이 쓰러져도
마비된 수족에 그늘이 쌓이면

발등에 떨어지는 잎들, 소리내 울었다
앙상한 뼈마디가 꺾이고 잘려져도
반쯤 남은 수족으로는 어디로 갈 수 없어
떨구어진 습한 자리, 눈 부릅뜨고
뿌리에 남은 온기 하나로
눈부신 겨울행을 지탱하고 섰다

향나무 이웃

죽은 향기에 끌려온 나비는 없다
물과 바람과 별과 그리고 새도 없다
나무그늘에 눌려 시들해진 제비꽃도
멀리서 향기를 찾아오진 않았다
향나무 근처를 지나가다 들른
향나무 생각에 젖은 사람들은
별을 사랑하는 바보거나 아니면
향나무 오랜 동무거나

향나무 근처에서는
향기 피울 생각을 하지 않는다
나무가 향기를 넣어 주어도
몸이 받아들이지 못한다
손 뻗어 눈 맞춰 주어도
누워서 잠들지 못하는 향나무처럼
죽어도 넘어지지 않는 사람이
이 세상에는 또 있을까

죽어 서있어도 그러나 향나무는
살은 듯이 웃고 있다
이글거리는 줄기와 보이지 않는 향기로
푸른 생을 즐기고 또한 증명한다
살아 있는 듯 죽어서도 결코
서있는 향나무는 되지 못하지만
죽어서도 향기가 나는 동무 생각에
한 천년쯤 푹 빠져보면 어떨까

가릉빈가

몰래 내 가슴에 들어 살고 있는 새
어느 누구나 한 마리쯤 몰래 기르는 새
문득 어디론가 날아가고 싶은
아침에보다 저물무렵에 더 절실하게 날고 싶은
그 새가 몇 생을 건너 가슴에 왔다
천년을 넘어 파란 하늘 끝에 이르러
문득 돌아서 이승을 내려다보고 싶은
그러나 끝내 가슴 밖을 나서지 못하는 새
푸른 살점을 뜯어 눈 먼 돌 위에 새겨 넣은 새
내 여린 날개가 하필이면 돌이 되었을까
가슴을 열어놓아도 떠나지도 돌아오지도 않는 새
낯선 곳에서 더욱 아프게 눈물 쪼아대고
그래서 어디로 가지 못하고 조롱 속에다
눈물만 넣어주던 천년 동안에도 멈추지 않고
내 가슴 안쪽을 콕콕 쪼아먹는 새

내 저문 날

햇살 아지랑이 증발하는 빨랫줄에
소리 하나를 노랗게 털어 널었다
발가락 하나 까닥않던 하늘이 내려와
잠자리 눈에서 지나가는 시간을
조금씩 흔들어 보았다 하늘소리가
그대 귓가에 가서 닿는다면
귀뚜라미 노래를 더 깊어지게 할 것이다
그러나 누구도 거둬가지 않는 소리는
내 곁 그대 등 뒤에서 펄럭이고
노을은 부끄러워 저 혼자만 숨어갔다
목마른 가랑잎이 몸을 말려
그대 없이는 못 살아요 구겨진다
연못 위에 진 잠자리 눈에
붉은 한로가 천천히 지나갔다

오래된 江

나를 건드리지 않는 것이 좋을 거다
그렇다고 내가 에이즈에 걸린 것은 아니다
또한 화성 연쇄살인범도 아니다
나는 성폭력범인가 더 오해하지 말라
집요한 추적을 피해 달아나는
그런 치한은 더욱 아니다
가문 날이 많을수록 불면은 바닥에 쌓이고
내 화약은 농축될 대로 농축되어
건드리기만 하면 폭발하고 말 지경이다
나는 곁에 와서 집적거리는 것이 싫다
잠을 자든지 놀고먹든지 간섭하지 말라
갑자기 돌변할 수 있다 일거에
물 불 가리지 않고 폭력을 휘두를 수 있다
뒤에서 나를 건드리지 않는 것이 좋다
잘 알지도 못하는 얄팍한 친분으로
속살까지 뒤집어 가두어 둔다면
재차 경고한다 나는 늘 신세대다

뜯어먹는 섬

의자도 먹을 수 있었으면 좋겠다
앉아있다 싫증이 나면 뜯어먹고
먹다 남으면 다시 앉아도 좋은
자주 고파오는 배를 움켜쥐고
의자는 먹을 수 있는 빵이 되었으면,
혹은 스스로 제 몸을 뜯어 먹고
하늘을 날아가는 뭉게구름
가다가 멈춰 선 그곳 바다 끝에
부드러운 섬이 되거나 혹은
새를 기다리는 빵이 살았으면 하고
동그란 빵을 눈에 심는 오후
새똥이 의자에 앉았다 가는 동안
의자가 섬이 되었으면 좋겠다
새가 섬을 뜯어 먹고 간 뒤에도

간이역에서

기차가 목을 축일 때, 오후 세시
무정부주의자는 잠을 깨지 않는다
구월 바람은 풀숲에서 날카롭게
모기 입술을 쫓아내고 몸을 식힌다
들판을 한 바퀴 돌아든 빨간 해가
고추잠자리 꼬리를 여물게 할 때
몸 가벼운 새는 언제쯤 머리 숙여질까
나무가 누려보지 못한 자유를 지녔던 새가
가질 수 있는 넉넉한 지저귐 혹은 낮은 허밍
자유롭다는 건 벌판에서 얼마나 편안한가
구름은 가고 싶은 데로 가게 놔두고
구름에 맺혔던 땀방울이 똑 떨어져
목덜미를 적시고 구월 비가 간다
하늘 길에 빠르게 가는 구름 앞에
힘겨운 수레를 끌고 덜컹거리며 서둘러
더위 속에 당도한 간이역에
기울어진 창틈으로 구월이 든다

목마른 낙타

어둠과 추위 속을 지나서 낙타가
책상 위에 도착했다는 기별을 받았다
서랍 속에서 서둘러 사막을 끄집어낸다
속눈썹을 잘 기른 낙타는
되새김질하는 입술도 곱고 긴 다리발로
눈앞에 놓인 사막을 터벅거렸다
물 냄새를 찾아 쉬지 않고 바람을 마셨다
몰랐다 낙타를 숨 가쁘게하는 모래언덕
그리고 등을 밟고 지나가는 가시풀들
입술 속에서 명사산이 피를 흘린다
사막을 옮기는 바람에 숨죽여 낙타는
드리운 제 그늘에 앉아 몸을 비운 채
바람 끝에 묻어오는 냄새를 기다렸다
물을 기다렸다 끝내 오지 않는 낙타를
책상 위에서 사막은 잠에 빠졌다

낙타 걸음으로

낙타가 온다 낙타는 오지 않는다
목마른 땅에 목마른 낙타가 오지 않는다
아니다 가시풀을 위해 기다리는 낙타는 온다
와서 피 흘리는 입술로 가시풀을 뜯는다
모래언덕이 폭풍우에 젖었다
갈증은 풀밭 위로 난 길을 따라
낙타 우는 사막으로 떠났다
모레바람이 길을 묻고
배고픈 낙타가 모래를 씹었다
가시풀이 새잎을 꺼내 들었다
집들이 모두 창을 닫아걸었을 때
등 뒤에서 검은 하늘이 일어났다
살갗에 묻은 모래를 털어내면서 아직은
눈 감은 채 햇살을 되새김질해 보지만
기다리는 봄은 낙타 등에 실려
꿈꾸지 않는 사막으로 먼저 떠났다

말라가는 사막

바늘이 낙타를 키웠다
귀가 기억하고 있는 사막을 불렀다
낙타는 바늘귀를 지나가고 싶었지만
길은 밖으로 나오지 않았다
어머니가 바늘귀를 들여다보았다
구멍 밖은 바람 부는 사막이고 낙타는
침대 위에서 아침 우유를 씹었다
모래바람이 바늘귀를 지나가고
모래 물결이 언덕을 덮어 강이 죽었다
강물에 선인장 꽃이 피었다
날 선 풀잎이 바늘 끝에서 흔들렸다
낙타는 강물을 먹지 않았고 어둔 땅에서
사막은 가시풀을 키우지 않았다
어머니 반짇고리에서 허리굽은 바늘
귀에서 목마른 별이 떠돌았다
낙타는 속눈썹을 길러
제 눈을 찔러 바늘 귀를 보았다

곤충채집

달이 뜨면 솟구치는 식욕, 어쩔거나
가는 숲속 메울 수 없는 눈빛은
팔뚝을 걷어 부치고 달을 먹어 치운 뒤
선혈 낭자한 손을 감추지 못하고
더 멀리 포충망을 던져 넣는다
발꿈치를 든 허기가 풀숲을 간다
싸늘하게 굳어가는 살갗에 달빛이 꽂히면
파르르 젖은 얼굴로 너는
마지막 눈빛을 보내온다
그늘로 숨어가던 장수하늘소가
포충망을 찢고 하늘로 간다

별빛이 꿈을 꾸듯 그렇게 어쩔거나
내 품에 온 너는 여름밤 반딧불이
속 쓰린 어둠 속에서 불빛을 켜들고 가는
축축한 골목에 앉아 있던 내 이웃에게도
뼈속 깊이 시린 달빛을 보낸다
아침이 와서 골목을 나설 때까지

푸른 잎 흔들어 울어 줄 바람도
서녘 저문 빛으로 불려가고
노을은 늙은 강가에 와
뒷모습으로 말뚝을 세운다
다스릴 수 없는 허기에 발목을 묶어
관절 마디마다 몰핀을 찌른다
먹어도 고프기만 한 손이여 어쩔거나
너를 탐하는 욕정은 마비되고
부끄러운 옷을 훌훌 벗어버린 뒤
숲을 밝히고 있는 환한 몸
포충망에 갇혀있는 부끄러운 사지를
핀을 꽂아 내게 고정시킨다

가을저녁 나무의 詩

혹독한 겨울을 보내고 난 뒤 나무는
제 몸 중심에다
단단한 금 하나를 그었다
그러기 위해 나무는
겨울이 오기 전 많은 가을날에
물든 옷을 벗어야했고
봄에 피웠던 꽃과 여름에 키웠던 열매를
강물과 함께 떠나보내야 했다

겨울도 아닌 이 가을에
잎을 떤 나무가 나이테를 새기듯 나는
몸 가장 깊은 곳에 허공 하나를 품었다
그것은 나무가 제 몸에 만든 나이테처럼
나를 단단하게 묶어 두지는 못했다

몸 안에도 길이 나 있는지
흩어지는 마음이 길을 내는 것인지
나를 휘젓고 다니는 그 허공에

바람이 들고, 잎이 지고, 가을 저녁
빨갛게 물든 비가 내렸다

우짖는 귀뚜라미 소리에도
나무가 겪었던 혹한을 느끼고
서늘하게 높은 달빛 속에서도
강풍에 시달렸던 안간힘을 털어낼 수가 없다

길 위를 무심히 뒹구는 나뭇잎
하늘 높이 나는 새, 지는 나뭇잎들처럼
모두를 내 안에서 떠나보낸 뒤
그 검은 허공은 너무 깊어져
서툰 내 언어로는 채울 수가 없다
가을 저녁 밀려드는 노을 강 같은
붉고 짙은 금 하나
이마에 각인해 둘 뿐

봄날은 왔다

햇살 쏟아드는 현관에 쪼그려 앉아
낡고 퇴색한 구두를 닦는다
빛나는 외출을 걸어가기 위해
모르는 새 뒤꿈치가 구겨지고
뒷굽도 닳아 몸이 비뚤어진 신발
나를 싣고 다니기에 지친 구두를
오랜만에 약을 발라 광을 낸다
어디 가서 광 한 번 내고 싶었을 게다
닦을수록 따뜻하게 돋는 투명한 색깔은
돌아오는 봄 나뭇가지 사이 길을
어깨 힘주며 뚜벅뚜벅 가기 위함이다
봄 물 든 벌판에 씨앗을 마련하기 위해
핏기 돌아오는 얼굴을 슬쩍
발끝에 비춰보고 싶은 때문이다

난장에 서다

일출 앞에서

기다리는 가슴에 불을 끈다
당돌하게 떠나는 등이 밝아서
낡은 이부자리를 숨길 수 없다
초경처럼 터지는 일출은
붉은 옷을 열어 젖꼭지를 물린다
잠 들지 못하는 물을 흔들리게 하고
한 뼘 솟구친 노래를 가슴에 건다
온전히 몸 던져 넣지 못하고 돌아서던
우울한 거리에서 젊은 날은
강물로 바람으로 혹은 투명한 안개로
출렁거렸다 오, 내 지나온 길
나서지 못한 그림자들이 터져
일출 밖으로 마구 달아난다
새들이 높은 음계 휘파람을 불고가고
돌아다보면 어느새 열려 있는 문
누군가 애 터지게 기다리고 섰다

낭패한 속내

목재소 가까이서 나무향이 난다
전기톱날에 몸통이 잘리면서 나무가
숨겨 두었던 비밀을 풀어내는 아우성이
멀리까지 와서 코에 닿는다
서 있을 때는 알 수 없던 내밀한 울음이
쓰러진 몸에서 속살을 끄집어 내는 순간
보이지 않는 춤으로 걸어나와
영혼 끝에서 살아나는 무수한 손짓
그렇게 간직해 왔던 깊이를 내보이며
동무에게 보내는 마지막 편지
속살은 온통 부끄럼 투성이다

그것은 일방적 기대치일지 모른다
말이 좋아 향이지 어쩌면
전 생애를 순응하며 살아 온 나무가
안으로 새겨오던 나이테를 들키는 순간
낭패한 속내를 감추기 위해 내뿜는
필사에 극한 독설일지 아니라면

스스로를 방어하는 칼날일지
알 수 없다 그것은 혹,
내게만 손을 뻗어 보내는
힘겨운 구조신호는 아니었으면

4월꽃

젖은 거리에서는 울지 않는다
길을 떠도는 눈물이 많아
내가 울지 않더라도 가로수는 젖고
한 울음에 피는 꽃 한 송이
피어 지는 꽃들이 지천에 넘친다

환한 꽃밭에서는 잠들지 않는다
지하에 든 잠이 많아
내가 잠들지 않더라도 꽃은 핏빛이고
궂은 비 속에 잠드는 꽃 한 송이
피어 지는 꽃들이 구천을 떠돈다

붉은 꽃은 4월에만 멈추어 핀다
핏빛 상처를 대신 숨기고
황토 산천에 진달래 함께 핀 꽃
옷깃 스쳐 지나가는 두견새도
지는 꽃을 불러 슬피 운다

눈물이 핀 꽃밭에 눕지 않는다
꽃보다 먼저 잠들지 않는다
꽃은 한 송이씩 피고 지고 다시
천년을 꽃 피워 새가 우는 4월은
돌아오고 젖은 그 그림자도 다시 간다

편애

가시울 그늘아래 키 작은 구절초가
구겨진 햇살을 줍고 살았다
몸매가 가장 예뻤을 때 누구도
가까이 눈 한 번 찡긋해 주지 않아
떨군 고개를 들지 못하고
길이 되어 준 버려진 그늘에다
못 쓰게 된 눈물만 퍼내고 살았다
가시울 아래 부서지는 햇살을 따라
상처가 반짝이는 시간
눈물이 독이 되는 오후 그늘아래
말 못 해 죽은 구절초 시든 입술
숱하게 하고 싶은 말들 낱낱이
낱낱이 차단한 햇빛을 피해 풀어내더니
어디로 가지 못한 말이 쌓인 자리
모자를 깊이 눌러쓴 버섯 하나가 솟아
얼굴 붉히며 독을 품었다

철학적 침묵

세상 끝에 귀뚜라미가 깨어있다
기호에 눈이 먼 채 심오하게
울음을 학설로 쌓고 있는 젊은 철학자
밤낮으로 가슴이 따뜻하다
귀뚜라미 이마를 짚어 보는 내 손은
높고 푸른 별빛처럼 차갑고
논리에 포획되어 있는 내가
혼자 깨어있는 침묵을 배우지만
검은 머리카락이 먼저 돌아선 뒤
낙엽은 하늘 밖에 구름을 버린다
벚나무가지에 이른 겨울이 온 것일까
노래를 차단한 푸른 입술이
쉽게 걸어가는 가을 기호 속으로
세상 끝에 잠든 철학자가 숨어있다

빈 들판에서

속살을 적나라하게 드러내 놓고
요염하게 누운 벌판이
지나는 겨울새를 유혹한다
내 줄 것이라곤 하나 없는 빈털터리에
떠나지 못하고 지켜선 허수아비가
두 팔을 벌리며 몸을 가누고
시려운 외발로 선 땅은 아직
서릿발 속에서도 굳어지지 않았다

한번쯤은 하늘을 삐딱하게 쓰고 싶었을까
산자락은 모자 끝에서 펄럭여 준다
구름 향해 손짓하는 어눌한 춤사위가
살아 있는 날에 마지막 몸짓이 되어도
귀한 새 울음소리를 가져다 주었고
노을은 잠 든 벌판 위로 다시 돌아 왔다

온 가슴을 다 펴내어 지켜주어도
벌판은 꽃을 피우지 않는다

지킬 것은 무엇인가 비워버린 벌판에
참을 수 없는 노을이 물들거든
멀리 가는 강물에 발목을 씻어
빈 가슴에 불을 지펴 떠나, 떠나서
어둠을 태우는 연기로 다시 오라
언제나 예약이 가능한 넓은 빈터다

적색 불륜

빨간차가 서서 앞을 가로막는다
안에서 누가 손짓한다 미안하다
웃고 있는 그녀를 모르겠다
동그란 눈에 입술을 깨문 그녀가
안경 너머 빈 허공을 응시한다
살픗한 웃음으로, 그래도 모르겠다

비끈한 형상으로 유혹하는 빨간색이
넘어지지 않고 잘 달려 갈 수 있는지
까만 길에서도 앞서 갈 수 있는지
차를 몰아 벽에 충돌하여도
망가지지 않는 꿈을 세우는 일을
알수 없다, 모른다, 몰랐다

질주하는 빨간색은 곰삭은 저주이기에
거침없이 대로를 가는 그것을 보면 절로
잠 자던 오금이 풀려나고 어둠에
온몸 혈액이 거꾸로 선다

이유없이 당해야했던 핍박과 굴종
빨간 노을로도 무너졌던 몸이다

시간은 모르는 사이
두 바퀴사이를 흘러가는 차선이다
하얗게 그려진 선을 벗어나지 못한 채
다시 불륜을 향해 질주한다
그러나 빨간색을 건드리지 않는다
민감하게 반응하는 성감대다

재빠른 불륜이 길 위에 넘친다
저주와 공포를 덧칠하고
끝내 그녀를 알아보지 못해도
멀어져가는 뒤태가 고혹적이지만
기피해도 다가서는 빨간차는
끊임없이 질주하는 블랙홀이다

만주벌판

가자, 그 대학 앞 술집
젊은 피 끓여서 말고삐 움켜쥐고
뛰는 맥박 혼자서는 다스릴 수 없느니
이름만 들어도 말발굽소리 들려 와
우렁찬 새벽을 견딜 수가 없다
가자, 만주벌판. 솟구치는 땅에
청청 눈빛 푸른 칼을 차고
말 갈퀴 휘날리며 지켜보는 서북 하늘
황량한 벌판 정수리에 우뚝 선 사내들은
가슴 풀어헤쳐 드는 바람을 못 이겨
누군가 소리 높여 외친다 가자,
바람 들더라도 잔을 들어라
술 넘치는 거친 숲에 간다 거기
말을 타고 넘쳐흐르는 해란강이 있고
이름만 들어도 더워지는 눈발이
내 가슴에 산다 가자

차밭골 능소화

꽃 피우는 일에야 젊은 것이 낫지
애먼 늙은 서방만 어딜 가지 못하게
굵어진 등걸 허리를 친친
몇 번을 더 감아 두르고 난 뒤에야
안심이 되는지 눈을 풀고 늘어졌다
밤낮 치근덕거림에 몸이 쥔 소나무는
숨 쉬기가 더뎌 잎이 시들고
가지도 생기를 잃어 축 처졌다
옳은 기둥서방 노릇이나 하는지
패인 얼굴에 해마다 주름살이 깊어진다
작년 이맘 때는 푸른 잎에 밝은 눈으로 춤추며
온 동네 벌 나비들 가슴 설레게 하더니
시무룩한 서방 곁에 두고 올해는
힘에 부쳐 꽃도 피우지 못한 채 서둘러
물 든 잎만 떨어내는 능소화

눈이 맞으면

눈이 맞으면
한 때는 맹인의 잠 속에 세워 둔
저 빛나는 겨울 산과 겨울 강이
같은 높이로 눈이 맞으면
새벽녘 조용히 물 흐르는 소리
벌판 어디론가 떠나고 있다

내 사랑하는 이와 눈이 맞아
누구도 몰래 어느 빈터에서
애타는 눈을 다시 맞추듯
흔들 수 없는 대낮 뒤안길에서
거울을 꺼내 눈을 맞춘다

한 때는 맹인의 잠 속에 세워 둔
저 빛나는 겨울 산과 겨울 강이
우루루 우루루 천둥치는 소리로
벌판 깊숙이 몰려다니다
흡족한 비를 만나 빛나는 눈

갓 태어난 아기 말없는 눈이
아주 뒷날 만나는 말을 알고 있듯이
우리들 빛나는 포옹 견줄 데 없어
아침마다 거울을 닦는다

푸른 상처를 엿보다

무너진 토담 옆 석류나무
증조할머니 시집 올 때 가져와 심었다는
대한제국 푸른 석류나무가
버릴 수 없는 상처를 가시로 뻗었다
몰랐다 뿌리에 남은 상처가 깊은 줄
징용 간 종손이 돌아 올 길을 감춘 것이
눈 밖에 나 쉽게 베어지던 나무
섯은 얼굴로 다시 만날 줄이야
알뜨르 비행장에서 굶어 죽은 눈보라
펄펄 토담 허물어 길을 트고
내다뵈는 들판을 걸어오는 키 큰 눈발이여
옥양목 푸른 할머니 서슬에
서녘으로 밀리고 비켜 선 하늘자리
가지를 얹어 놓은 석류나무는
눈시울 붉게 젖어 헐벗은 몸 아니라도
하늘수박 시든 줄기를 몸에 두른다

초승달

할머니가 쓰던 밥그릇을 버린다
모서리에 이가 다 빠진 하얀 사발
걸레쪽처럼 쓰다 남은 하늘 한 귀퉁이를
남은 이들 가슴 위에 던져넣는다
할머니가 버린 그릇은
말없이도 소용없게 된 헌 사발이어서
상여 지난 다리 위에서 쉽게 부서진다
깨어지는 것에는 소리가 있다지만
할머니 사발은 영 소리하지 않는다
사정없이 내동댕이쳐져도 속까지 삭아서
푸석푸석 그러나 애써 침묵하지 않는다
아-, 하는 슬픔 뒤에 남은 사발 하나
젖은 노을빛으로 저물어 금새
서녘 낮은 하늘에서 배가 고프다

수양버들에 기대어

용서하라, 나무는 늘 고개 숙인다
산복도로 버려진 양지담에서
가시밭으로 가지를 늘어뜨리면
가난한 입과 눈과 귀와 손이 떠나고
우울한 그늘로 남은 흔들림이 아프다
하나씩 떨어지는 잎이 발등에 쌓이면
새들 가고 얼굴 적시는 빗방울도 떠나
썪이고 부러져 반쯤 남은 혼들로
아직은 하늘을 지탱하고 선 기둥이다
넝마로 기운 벌목이 지나간 자리
돌아오지 않는 새를 꿈꾸어 봐도
또한 흐르지 않는 물을 말하면서
두런두런 떠나는 길이 꼬리만 남아
혼자 구부러진지 오래다

재개발지구

난쟁이들을 보았니 길을 기어서가는,
난쟁이들이 비우고 떠난 마을이
입술을 닫고 호흡을 끊었다
가쁜 숨을 고르며 바람 앞에 내몰린 집들은
거미줄에 포박 당한 몸을 꿈틀거린다
햇빛 아래 혹은 어둠 속으로 잠근 문을 풀고
무너져 내릴 일로 작아지는 방이지만
낡은 가구를 떠메고 가는 숲이 멀어서
가다가 못 넘은 절벽 아래 무릎 꿇었다
빈 손으로 모인 나뭇잎들도
떼를 지어 그늘로 몰려다니는 오후
어둡고 칙칙한 장마 끝에 침잠할 지라도
햇빛보다 빨리 무너지는 그늘을 안고
낡은 집 너른 식탁에서 천천히 움직이는 손
집 없는 달팽이가 끈적끈적
언덕 위에 선 종이집으로 몸뚱일 끈다

난장에 서다

눈이 깊은 오후가 창유리에서 혼자 깊어가는
저물녘에도 눈물이 날 지경이 되거든 그대
자갈치시장 난장에 들러
스치는 사람들 어깨 툭 치며 지나가 보라
어깨에 전해지는 통증도 장난이 아니지만
눈 부라리고 잡아 죽일 듯 윽박지르는 인상에
눈물대신 분노가 치밀어 오를 터이니
약값 치르는 셈 치고 한번 붙어보라
뜨건 몸 얼싸안고 치열하게
비린내 질펀한 바닥을 뒹굴어도 좋으니
살 냄새에 젖어 비릿한 구역이 솟구쳐도
그대 몸속에 절절이 배어있는 눈물쯤이야
배신하듯 구만리나 달아나고 말 터이니
난장 좌판 위에 배 깔고 누운
도다리 툭눈이 멀거니 바라보는 그대 저물녘
눈물이 되기에는 이르다 하지 않은가
끊어진 세상 인연도 잊혀지긴 글렀고

몸에 두른 물빛이 출렁거리며 남아 있으니
난장 아니라도 그대 돌아가는 모퉁이
짠물 튕겨 젖은 바닥 갈라진 틈에
뿌리내린 민들레 여리디 여린 꽃
그 노란 웃음 알기나 하는 건가 철없이
노을 같은 것에 빠져 눈물 흘릴 생각이라니
적어도 자갈치시장 난장에 서서

또 다른 강가에 섰다

깊이를 알 수 없는 강을 건너 왔다
두 개인지 세 개인지 또한
넓이는 어느 정도인지 먼, 먼 기억들
물방울 밝은 회랑을 지나왔다
빛에 지워지고 남은 찌꺼기들이
저문 강을 떠도는 쇠기러기를 기억한다
상처가 안고 왔던 불륜이기에
강은 언제나 길 앞에서 숫처녀가 된다
다시 강을 건널 준비를 한다
강물이 차갑다든가 깊다든가
평생을 준비해 온 몸을 지탱하며
강물에다 먼저 발을 넣는다
더 깊이 숨는 물고기를 포기하고
희미한 기억을 지우지 못한 채
오늘, 또 다른 강가에 섰다

네모 하늘

나는 우물 속에서 왔다 백년 만에
낙토를 찾아가는 마지막 노동으로
수천 길 벼랑을 천천히 그리고 똑똑하게
까마득한 밑바닥 어둠 속에서부터 기어 올라
네모난 빛의 창구를 따라 밖을 나섰다
적당히 어둡고 적당히 밝은 조명에
쉽게 길들여진 안식처에서
허우적거리던 청춘은, 낱낱의 모래알들
손바닥 만한 네모가 내 전부인 하늘
오랫동안 가두어 키워왔던 게으름이
네모난 작은 빛에도 감격하며 살았다
어둠이 깊을수록 잘 사는 파란 이끼
그것들 믿고 눈만 껌벅거리며 물속,
공명되는 하늘의 계시에 오금 저리며
한 치 앞을 건너뛰지도 못했다
천둥소리에 깨어났을 때 다른 빛이 있었고
처음 알았다 네모 밖에도 빛이 있다는 것을
나를 가두고 있던 것은 우물이 아니라

네모 하늘 말고는 아무 것도 아니라는
그 믿음이 포기하고 들앉게 했다는 걸

밖은 길이 많아서 갈 곳이 없다
수풀 속에는 날카로운 족제비 발톱이 숨어 있고
하늘에는 매서운 솔개의 눈이 있다
제 밥그릇만 챙겨가는 서슬 아래
달리 가야할 길은 안개가 가져갔다
그랬다 안개 속에서 아우성이 들렸다
아이를 납치해 하수구에 버리고
유혹한 소녀를 팔아 벤츠를 샀다
아낙을 유인해 아이를 낳게 하고
사내를 외딴 섬 새우잡이에 팔았다
피할 수 없다 막막한 길 위에도
눈물 젖은 꽃이 피었지만
우물 밖에 나와도 다시 우물 속임을
누가 알았으랴 돌아보면 다시 우물이 있고
떠나온 우물 안이 사실은 그립다

검은 입을 벌린 네모 입술
편안한 속을 들여다보고 싶다
아무도 곁에 있어주지 않았을 그때
입 속으로 몸을 던졌다 가까스로
네모 하늘에 다시 들 수 있었다

저물녘에 출렁이는 것들

—다대포에서

새가 되고 싶은 게가 바닷가에 집을 지었다
모래 속에 지은 모래인 집은
쉬이 허물어 질 지라도 다시 쌓던
노동은 무너지고 끝없이 일어섰다
많이도 외로웠다 집이 없는 바람은
모래를 높이 쌓아 큰 집을 남겼다
남은 빛이 어슬렁거리는 다대포에
저뉼녘이 끌고 가는 거대한 블랙홀
구멍이 집인 게가 집을 버리고
모래밭을 걸어 석양으로 갔다
어둠은 게를 잡던 숟가락을 숨겼다
물이 빠져나간 흔적은 언덕 사이에 젖어
낮과 밤의 경계지점이 허물어졌다
게 집 투성이 언덕이 노을 속으로 달아난 뒤
저물녘이 저물었다 노인이 된 아이가
아이들 발자국을 따라 물 끝으로 갔다

가거라, 남은 물결 속에 불빛이 켜지면

도시는 싸늘하게 식은 모래알 속에 잠기고
출렁이는 모래는 떠나지 못해 안달이다
가까이 바다가 되지 못한 강이 서있고
구름이 되지 못한 안개가 몰운대를 덮쳤다
낮은 갈대가 머물러 있는 강 하구에
모래 언덕은 떠난 물결을 닮았다
멀리 나간 물 끝에서 나부끼는 여름 깃발
보라, 블랙홀로 빠지지 않기 위한 몸부림들
남아 출렁인다 집이 없는 파도처럼 끝없이
떠나지 못한 출렁임만 남는가보다
게가 되고 싶은 새가 모래언덕에 집을 지었다

안개라고 하는 적들

안개를 가두었다
숨겨가진 멀미 때문에 더 단단하게 눌렀다
보지 않아도 안다 몸부림치는 적들
그 사이 번뜩이는 비수, 그리고 아우성
더 이상 바람피우지 못하도록

세상을 덮고 안개는 태연하다
엄청난 전과를 숨기기 위해
쉽게 물러나지 않는 투명한 위선이여
그 저항을 위해 안개는 존재한다
끈끈하게 결집되어 있는 추종자들과
뒷짐을 쥐고 외면한 듯 그렇게

산이나 강 그리고 들판을 압박한다
아파트와 독립가옥, 길 위의 자동차들
심지어 자유롭게 나는 새들까지
반성하지 않는 습격
어느 틈엔가 슬그머니 빠져나가고

살육의 현장을 망각하는 적들

안개를 가두었다 그가 그랬듯
꾹꾹 눌러 굴신도 못하도록
그래서 안개는 미쳤다
안개 속에서 질식하게 만든다
근육이 파열되도록 투명하게
눈과 코와 입을 틀어막는다
안개를 눌러 죽인다

파리똥새

물 하나가 십자가에 매달려 있다
물이 가지 끝에서 떨어진다
지하수에 가 닿는 깊은 허공 방울

천정에서 피가 흐른다
최후의 만찬
포도주를 뱉어낸 가롯 유다가 웃는다

아니다 그는 아무 것도 아닌 지하수
깊이 내린 뿌리를 거느린 유다가
매달려가고 있는 유리창에 담겨 있다
때로는, 지하철에서 신문을 본다
목을 꺾고 졸고 있거나 흔들리며
눈 감고 서서 기둥에 부딪히며 실려 간다

가롯 유다가 웃고 있다
그도 그의 옆 사람도 지하철을 탄
옆 사람 낯선 사람도 옆 사람 옆 끝없는

사람들이나 지하철을 타지 않은 사람들이
손잡이에 매달려 웃고 있다 소리없이
얼굴 지워진 유다가 간다

지하에서 물이 거꾸로 흐른다
가롯 유다의 힘으로 솟구친다
사람들은 샘솟지 못하고
더 깊이 스며 화석이 될 때까지
지층 속 나뭇잎 서랍 속에서
하늘 그리는 눈을 뜬다

경인년 난리통에도

하늘을 가로질러 한 필 말이 갔다
뽀얀 갈퀴로 구름을 헤치면서
날개 없이도 날 수 있었다
어둠과 밝음이 교차하는 새벽녘에
묘한 기운으로 솟구쳤다
말을 상상하는 꿈에는 날개가 있다
젊은 아버지는 몰랐다
잉대힌 어머니도 몰랐다
난리통에 날아 온 미군 쌕쌕이가
동구 밖에 떨어뜨린 포탄에
밭에서 미영 따던 어머니가
쏟아져 내린 흙더미 속을 나뒹굴 때도
끝내 놓지않고 붙들어 맨 꿈 하나
품에 날아 든 백마 한 필은
오래 남은 부스럼딱지 흔적이다

냉정별리

밤 벚꽃잎을 손에 받으며

죽은 벚나무 가지에도 서녘물이 든다
물들지 못한 나무는 스스로 어두워지고
검은 산이 떠받드는 등 뒤 하늘에서
총총한 별들도 꽃이 되는 시간이다
두견새 우는 밤늦은 4월을 몰랐다
그 피울음에 핀 꽃이 흔들리고
바람소리 속속 자지러지는 굽은 가지에서
불순한 일기는 뼈 속까지 아프게 한다
떨어진 별을 줍는 눈물겨운 불빛들
몸부림에 젖은 낙화는 눈물이 아니든가
이승에 남긴 무엇을 속죄하고 싶은가
몰랐다 새벽이 가까워오는 아직도
몸이 떨리고 있는 내 나무여
죽은 가지를 물들이고 가는 서녘 핏빛이여
우리는 어둠을 무엇이라 부르는가
닫히지 않는 가슴에 남은 말이
꽃이 지는 밤에 네 기침소리를 보낸다

슬픈 구도構圖

눈물 받아먹는 점이 그랬을까 그녀는
바닷가 카페 창가에 앉아 있더니
뒤 미처 온 애인도 못 만나고
급한 걸음으로 문을 밀치고 나섰다

눈 밑에 점이 커져 하늘을 덮을 때
해안 도시에도 네온불이 켜졌다
창백한 빛에 지워지는 어둠처럼 그녀는
어느 창가에 앉아 아침을 기다릴까

눈 밑에서 배가 고픈 점은 그녀를 끌고
어디로 갈까 다시 공원 나무의자에서
모퉁이 돌아 올 파랑새를 기다리고 있을까
풀 꺾고 돌아서는 발걸음으로 그녀는
눈 밑에 점이 배고파 어디로 가고 있을까

말을 잃은 모습으로 카페 창가에 앉아 있는
그녀 등 뒤로 젖빛 낙조가 다가서고

십 년 전에 손짓하며 달려왔던 애인은
아내와 아이들 함께 집으로 돌아간다

눈 밑에 배고픈 점은 망각처럼 부풀어
그늘아래 기억들을 숨기려 하는데
버려지지 않고 뚜렷이 남은 눈물 한 방울
그것을 받아먹고 싶어 안달이다

수레바퀴

저물녘 나뭇가지를 떠나지 못하고
빈터에서 머뭇거리고 선 노을은
그대 눈물이 만든 간이정거장이다
하루를 다 삼킨 핏빛 짙은 입술로
마르지 않는 슬픔 덩어리에 묻어
버린 아픔들이 서로 헤어지지 못한다

삭혀지지 않는 그대 강물에 쏟아부은 이별과
드러낼 수 없이 뼈에 새긴 홀로 가는 아픔이
눈에 가득 고여 글썽이다가
말을 삼키며 벌판에 번지는 아우성
기쁨 곁에 있어도 노을은
돌아오는 눈물을 만드느니

노을이 볼을 타고 떨어져내린다
머리끝에서 발등 위로 뚝뚝
제 몸 무게를 이겨내지 못하고
목울대를 젖어 흘러내린다

여윈 새 가슴에 걸린 노을 하나
토할 수밖에 없는 내 그림자다

눈물샘 가에 누워 노을을 마신다
푸른 벼랑 끝에 물구나무 선 슬픔을 삼키고
또 토해보지만 노을은 언제나
다시 이별을 만든다 이승에
지고 뜨는 수레바퀴만 남는다

사랑은 무덤이다

붉은 접시꽃에 걸린 저물녘 하늘이
더 밝아진다 몸서리치도록
이별 후에 남는 눈이 깊어져서
가슴이 네 모습을 뚜렷이 새기는 것처럼
누가 남기고 간 울음인지
산 그늘 위 깊어진 잿빛이 투명하다
구름 밖으로 붉은 얼굴이 흘러간다면
내 슬픔을 터뜨려 빛을 부르리라
노을 속에 사랑을 거듭 파묻지 말라
저물녘 하늘 선명한 붉은 구름은
그토록 이승에 남기고 싶어하던
그리운 네 무덤 아닌가 노을 뒤에
그대 남은 이름을 마저 각혈하라
사랑은 한떨기 무덤으로 남는다

이별을 지우는 시간

거울에 난 수염을 깎고 얼굴을 바꾼다
칼이 날을 세울 때마다 이별은
사각 사각, 비명을 남긴다
달라지는 표정을 훔치는 낯선 짐승 하나가
한번씩 얼굴을 찡그리고는
거울 속을 스쳐 지나간다 빠르게
알 수 없는 벼랑 끝으로 참으면서
눈물이 사는 거울 속으로 도피해 간다
어느 갈림길에서 헤어졌다 다시 만난
낯 익은 울음이거나 한 슬픔이
얼굴 속으로 사라졌다 돌아온다
그대 앞 환한 만남을 위해 아픔을
아파도 할 수 없는 슬픔이
낯선 얼굴로 손 흔들며 떠난다

사랑을 잃은 후

나는 점점 돌이 되어간다
아랫도리부터 움직일 수 없이
물속으로 갈아 앉는다
하늘에서 뚝 떨어지고
땅에서 다시 추락한다

은행나무 꼭대기에서 마음을 일으키던
뜨거운 심장이 떨어져
마지막 강가에 와 얼음이 된다
감은 눈 속에서 흔들리는 그대
마지막 키스는 불을 남기고
풀밭 위에 쓰러진 바람이 된다

맨몸으로 흔들리는 물끝에서 눈물로
노을을 지키고 앉아
빈 잔에 가득 슬픔이 채이면
바람이 흘러 마시게 한다
쓰리고 쓰린 붉은 입술을 지닌 그대에게

나를 끌고 불이 간다

한잔 술이 강을 이루던 저물녘
노을 강을 흘러가는 그대 뒷모습
그냥 하릴없이 풀밭에 앉아
제 흥에 겨워 불 타 버리고
이윽고 바람에 불리어 간다
가서는 다시 만날 수 없는 곳으로

사랑을 버린 후

서슬이 가시지 않은 동쪽 하늘은
한 점 티끌도 없이 죽어간다
낮 뜨거운 정오, 핏발 선 눈 하나가
공중을 선회하는 한 적의敵意
견고한 발톱이 하늘을 꿰찬다
살점 묻은 발톱에 깊게 패여 가는
지상에 남은 골을 다시 날아간다
원시로 가는 숲이 문 밖에 있다
식욕은 끝없이 멀다 독수리여
식상한 침묵에다 옷을 벗는 도시
탁자 위에 놓인 빈잔 속으로 지고 말
한 잎 꽃떨기가 지듯 사랑은
멀미 없이 강하하는 눈먼 날개다

마로니에 마른 잎 위에

가을이면 언제나처럼
거리 위에 진 너를 기억하기 위해
마로니에 잎 위에 네 이름을 쓴다
언제 땅에 떨어져 뒹굴 것인지
마른 마로니에, 그도 모르리라

가을이 오면 언제나처럼
네 이름 끝에 매달린 고엽을 본다
물든 채 쪼그라져 가는 네 눈빛
하늘만큼이나 깊은 네 눈동자 속으로
이별은 쉽게 구겨져 간다

그러나 어디서 오는 것일까
스산한 피부와 물든 낡은 옷들
가을이면 언제나처럼
옷을 벗어버린 마로니에가
생전에 웃는 네 모습만 같다

울 밖 낮은 기침소리

빈 손으로는 건널 수가 없다
하늘을 질러 높이 걸린 육교 위에서
맹인 부녀가 옆구리를 붙이고 켜는
소리없는 하모니카 소리가
지나는 누구 가슴 하나 없이 밀어낸다
칼날이 된 눈 먼 소리가
먼 발바닥까지 흘러가는 아픔이여

하늘소리에 닿을 수 없는 가슴이
아픔을 끌고 가는 강물 속으로
목숨 줄 한 끝을 메고 가는 사랑 한쪽
그 넓은 깊이를 느낄 수 없어
병든 귀를 물거품에 버린 뒤 깊은 밤
소리없이 몰려 와 가슴에 젖어오는
울 밖 낮은 기침소리들

소리를 풀다

죽은 대나무 굳은 마디에도
흙빛 소리가 남아있다
맺혀있는 마디를 풀어내자
못 다 쉰 숨소리가 깨어났다
죽어서도 떠나지 못하고 남은 노래가
물소리로 흐른다 몸이 따뜻해지자
관절 사이 눈뜨는 하늘이 있다
가슴에 웅크리고 남아있던 응어리는
포기할 수 없는 생의 벼랑 끝으로
삐꺽거리는 생존을 건다
몸이 뱉는 영혼을 흔들어 마음을 불면
발끝으로 날아오르는 물이 있다
강물이 풀어내는 속살이 흐른다

해거름녘

수줍음이 온 뉘를 물들이자
노을은 그만 노숙자로 주저앉았다
저문 품에도 도요새가 들고
저물녘 하늘이 보내 온 편지에는
담벽에 기대 선 능소화가 꿈틀대며
타는 가슴을 애써 들추어 보인다
마음에 지워지지 않는 하늘 곁에서
숨 죽여 흐르는 먼 산사 쇠북소리
울며 갈아 앉는 강물소리에 들어서도
눈물을 다 태우지 못한 능소화는
발돋움하여 손짓을 펄럭이다 지쳐
하염없이 타는 눈이 되기도 한다
아, 그러다 어쩌면 살아남아서
그대 울에 갇혀 소름 돋는 오한으로
피가 나도록 벽을 긁고 있는
눈 푸른 들고양이, 그리운 어둠에
고개 숙인 능소화 저문 빛이
멀리 가는 뒷모습에 묻히고 만다

냉정별리

내 다니던 익숙한 길을 지운다
함께 가던 찻집도 들어내고
찻잔에 남은 따스한 입술도 닦아내고
유리창에 깊숙이 젖은 눈도 입김으로 덮는다
발바닥 굳은 티눈도 뽑아내고
오로지 마음 가던 황토길마저 덮는다

얼음 곁에서 그대 있어주지 않아
풀잎 붙들고 혼자서 떨었다
살갗에 내리는 따스한 햇살도 버리고
코에 남은 맑은 숨결도 비우고
가슴에 남은 눈물 마른자국도 지우고
싸늘한 담벽 모퉁이를 돌아왔다

구월에 가다

모래 위에 쓴 편지는 지워졌다
물로, 바람으로
그리고 시간으로

파란 하늘을 배경으로 한 좌대위에
속눈썹이 가장 길었던 때 너를
청동상으로 높이 세워 두고

나뭇잎은 지고 또 지고
물든 나뭇잎은 퇴락하여
자취도 없이 굴러가 버렸다

마음에 남은 흔적을 지웠다
구름으로
햇빛 한 가닥으로

나무토막

내 손 아래 손등이 파르르 감전을 전한다
어떻게 전류를 만들어 내보내는지
그대 없이는 있을 수도 없는 일

그대 손을 잡고 나서야 내 가슴은
새로 발전을 시작하나 보다
머리끝에 불이 들어오나 보다
사랑 앞에서 나는
그대 손등을 헤엄쳐 건너는 전기뱀장어
외면한 오만을 끌어올 수 있을까

그러나 그대 앞에서 내 몸은 나무토막
눈 하나 꿈쩍 못하게 만들지 못하는
손바닥 알 수 없는 부도체다

의미

꽃이 핀다는 것은
꽃에게 의미가 있는 것이 아니라
그것은 나의 의미다
낙엽이 진다는 것은
낙엽에게 비명이 있는 것이 아니라
그것은 나의 외마디다

강물이 흐른다는 것
우리에게 있어서 또 다른 날을
슬픔으로 추억하는 바로
그것은 나의 언어다

그대는 그대의 의미가 있고
내게는 나의 의미가 있다
그대와 내가 마주하여
특별한 의미를 지닌 것처럼
꽃과 낙엽과 세상을 채우는 모든 것들
서로 서로 작은 눈짓을 보낸다

봄을 기다린다

봄 길 위에 선 입술이 잎을 찾는다
영혼이 쑥 뽑혀 백골까지 텅 빈 초록이여
마른 잎 플라타너스가 목이 마르다
이웃 난쟁이 노래 한 번 못하고 몸이 마른다
강물이 절름거리며 떠난 길가에 서서
은사시나무는 따가운 눈 비비며 안개에 침묵한다
가지에도 봄은 쉽게 오지 못한다
지각을 뚫고 솟아오르는 눈들이 길 밖에서
낡은 잎을 둘러 쓰고 웅크린다
아직은 목도리를 풀 때가 아닌가보다
남녘바다에 더 많이 내리는 눈발이 출렁인다
봄은 아직 거기에 머물고 여인들은
입술을 빨갛게 새로 칠해 보지만
잎이 여린 입술에는
난쟁이들 붉은 입술이 가닿지 못한다

화사花蛇

쇠북소리가 아침을 열고 있을까
동녘이 오는 일출봉에 눈을 걸었다
밤새 주렸던 남루를 떨쳐내고
확신에 찬 걸음으로 바다를 걸어오는 뱀이
반짝이는 비늘로 푸른 길을 튼다
길은 장엄한 꽃밭이 되고 싶었다
숱한 꽃을 가득 피우고 물결을 넘어
낮 뜨거운 혁명이 되고 싶었다
죽은 강물 일으켜 세우는 아침은
몸이 감춰 둔 선부른 밀어
얼음을 풀어 꽃이 마시게 하는 일은
낮은 골목에 앉은 이웃이 보내는 미소였다

이팝나무꽃 질 때

자투리공원 반쯤 주저앉은 나무의자에서
삼교대 일을 끝낸 박 모양이 남친을 만났다
눈에 담아놓은 그리운 눈을 하나씩 꺼내
맑게 닦아 논 검은 하늘에 두었다
자주 바뀌는 근무조에 발이 빠지기에
보고 싶은 눈을 챙겨 저장해 두었다
반짝거리며 내려다보는 눈이 눈에 들어
가시를 뽑아 붉은 색이 많이도 가셨다
손바닥이 살포시 손등을 덮어 올 때
가늠할 수 없는 전류가 나무의자에 흘렀다
부르르 떨리는 의자 곁에 서있던 나무에서
별 같은 하얀 꽃이 피고지고 지고피고
가까운 산 두견새가 목이 쉬어 불렀다
빈 의자에 하얀 밥이 펄펄 쌓였다
저장해 둔 숱한 눈이 눈과 만났을 때
배고픈 입술은 단맛으로 깊어졌다

이소離巢

—딸에게

오래된 품을 밀치고 떠나는구나
높은 언덕 작은 집 좁은 방에서
슬하는 바람 나드는 작소鵲巢였다
새 터전을 잡아 떠나는 네게
무엇을 바랄 것이 더 있겠느냐만
식솔을 보전하는 일이 이 세상
가장 먼저 걸어야 할 길임을
한번 더 옷섶에 새겨 보내느니

숲과 강을 위한 마음을
유리처럼 닦아 환한 얼굴, 더 환하게
속마음 다 비치는 거울 하나 품거라
제 앞만 가리는 눈이 아니고
이윤만 따르는 귀가 아니고
부드러운 것만 찾는 입이 아니고
그리하여 말은 앞세우지 말고
뒤에 두지 않는 몸을 비춰보아라

그런 뒤, 등뒤로 온기나는 손을 뻗어
이웃에게 가는 발을 가벼이 하고
'말아라, 조심해라' 고 하는 아비의 말을
네 슬하에 던질 때쯤 네게도
찾지 않아도 오는 열망을 보아라 이제
애비, 에미가 선물한 길이 아니어도
가야할 크고 튼튼한 집 하나 생겨
좋다야, 좋다야

2010. 10. 23

황산강 나루에서

쉿, 강물이 깨 날까봐 발뒤꿈치를 들고
살짝 몸 반은 허공 중에 떠서 조마조마
숨도 반절로 꺾어 쉬며 강둑을 넘었다
여린 맨발바닥 따끔거리는 모래알
강변 모래밭을 가로질러 두려움 모르는 유년이 갔다
발목까지 빠지는 갈대 우거진 늪지대를 건넜다
발이 알아듣지 못하는 강물소리를 건너서
황산강 나루 갈댓잎에 앉은 물잠자리
투명한 날개짓이 침묵하는 강을 눈에 담았다
날 받아 준 저물녘 덩치 큰 강은
걷지 않는 것처럼 보여도 흐르고
소리하지 않는 것 같아도 말씀하시는
성자의 모습, 걸으면서 안쓰럽게 자주
곁에 앉은 얼굴을 비쳐주었다

*황산강은 삼랑진에서 원동과 물금을 지나 양산천이 합류하는 지점까지의 낙동강 이름이다.

지독한 사랑

보리수나무 생각

가끔은 새가 되고 싶은 나무였다
창밖을 내다보며 구름이 되고 싶은 그대
하늘 그리는 눈을 싣고
구름 끝에 닿았다 돌아 온 뒤에는
그대 깊은 눈에 안기고픈 새, 아직은
공허한 여백 한 모서리를 채우고 있지만
빈 마음을 채우고 싶은 그댈 위해
아무도 몰래 날개를 접고 만든
지친 그대 쉴 작은 자리 목
흔들리는 창 밖에 잎 떨구고 서서
그대를 기다리는 나무
처음엔 나무가 되고 싶은 새였다

덧난 상처

맨살 허리를 들어낸 강은
눈만 스쳐도 온 몸이 아려오는 상처다
절개지 드러난 가슴살에
층층마다 살 저미는 몹쓸 그대가
쿵쾅거리며 밟고 지나간 뒤
날카로운 손톱자국이 선명하게 남아
어둠 속에서 너무 침묵했기에
무너지는 소란을 눈치 채지 못한다

아픔은 흔적도 남지 않았다
목마른 풀잎마저 죄 거둬 간 뒤
아쉬운 발자국 하나 남기지 않았다
푸른 박제새가 가슴에 떠 살았지만
뼈만 남기고 허물어진 몸에는
풀잎 눌러 앉은 문신이 남아 있고
함께 걸었던 오솔길이 물에 잠겼다

별 지는 밤이 아니어도 강물은

아린 몸을 남기고 간 눈먼 폭도다
흉부에 남은 흉터자국이 싹을 틔우고
돌아오지 않는 하얀 모래톱을 따라
졸졸졸 끝없이 소리내 우는 상처
메워도 다 채우지 못하는 구멍에서
밤이면 피가 도는 소리가 났다

눈 먼 갈증

그대 집 앞을 지나는 길은
까닭 모르게 몸이 덜컹거렸다
삽짝에는 샐비어 나란히 피어 있고
얼핏 눈여겨 보지는 못했지만
부끄러운 능소화 줄기가 돌담장을 탔다
숲길로 난 부드러운 길 위에서
발바닥이 저 혼자 마구 흔들리고 만다
그러지 않고서는 그 길을 갈 수가 없다

더 큰 하늘이 그대 집 위에 서있고
더 말간 햇살이 눈을 감겼기에
그대 집 앞을 지날 때면 내 몸은
눈 멀고, 귀 멀고, 입이 먼 구름
갈증에 무릎 깨지는 날이 더 많았다
그대 탓이라 누가 이르는가
눈썹 끝에 능소화가 피는 줄 몰랐다

호랑발톱나무

내 가시는 언젠가 이슬이 되리라
후미진 풀밭에서 맑은 눈을 틔워
살 젖는 노래를 부르고
타는 불꽃 속에서도 뼈를 보듬어
풀에게로 달려가는 언젠가
방울방울 눈 뜨는 햇살이 되리라
작은 몸집 구르고 굴러 별에 닿을지라도
젖어도 울지 않는 강물이 되리라
벌판 속 타는 핏줄이 되리라
그대 별에 가서 닿는 기쁨에
반짝반짝 뜨는 눈, 가시는 숲에 가서
떨어지지 않는 눈물이 되리라

지독한 사랑

잠에서 깨어나면 그대여
가슴 찔리는 아픔을 느끼지 않는가
밤 깊은 곳 그대 보이는 창가에서
모르는 사이 그대 심장을 도려 와
눈물로 갈아낸 바늘로 콕콕 찔러
독한 저주에 밤새 담갔다 보내느니
아침, 그대 가슴이 쓰라리지 않은가

유리창 바깥 풍경 속으로
비에 온 몸을 맡기고 선 은행나무처럼
그대 생각에 발끝부터 머리끝까지
노랗게 젖어가는 나는 아직도
태양 이글거리는 네거리에 서서
그대를 등불로 켜든 마음이
떨고 있다, 지독히도 떨고 있다

어느 별 모래알

모래알을 밟는다 아프다 한다
모래알 속에서 누군가가
서로를 껴안고 부서지며 아프다 한다
무너지고 흩어지는 강물 바라보며
오래 전에 눈이 먼 모래알은
맨살이 닿지 않으면 한낮에도 아프고
파도가 쓸어가는 모래더미 속으로
신음소리는 낮아 더욱 낮아서
서로 몸 섞으며 썰물처럼 흐른다
그대 이별이 몸 저리도록 파고들어
모래알로 돌아 와 누운 자리
누가 날 밟고 선 것이냐
문밖을 나서 벌판으로, 벌판으로
물이 되어 떠나는 모래알 하나
어느 해변 모래알인들 그러지 않으랴
강변 어느 구비 모래알인들 그러지 않으랴

질경이 사랑

아무도 눈에 담아가지 않는 길섶에서
납작하게 엎드린 질경이가 눈을 뜬다
그대 지나가는 길가에 부스럼딱지처럼
솎아내도 새롭게 돋는 질경이는
숨 쉬는 발자국 소리로 크나보다
밟히고서야 끈끈하게 살아나나보나
목마름 견디어 서 있는 마른 몸 줄기
겨울 잎이 새파랗게 남은 뜻으로
그대 발자국소리 기다리는 내 귀에도
고난으로 가는 빛을 켜든 것을
아득한 발소리에도 외면하지 못하고
희미한 꽃을 단 몸이 떨리고 있다

하얀 찔레꽃

내게는 날 그리워해 줄 가슴이 있다
풀밭 위에 내리는 첫 가랑비처럼
강물 위에 무작정 투신하는 첫눈처럼
지평선 먼 그리움 솔솔 피워 낸
작은 가시 끝에 하얀 꽃이 있다
지워져 가는 산길 모퉁이에 서서
내가 걸어 와 주길 바라는 눈꽃송이
길 안에 비가 오지 않는 날에도
집 밖에 눈이 내리지 않는 날에도
창을 열고 내 가슴을 바라보는 나를
마음에 심어 둔 꽃나무처럼
푸르게 그리워하는 얼굴
내가 그리워해 줄 빛더미가 있다

깊은 사랑

강에 들어도 물에 빠지지 말고
산에 들어도 숲에 빠지지 말 일이다
그대와 눈 맞아 눈에 들어도
서로의 눈에 빠지지 말 일이다
눈 뜰 수 있는 객관적 거리에서
쉽게 두 눈 맞출 일이다

더 깊이도 발고 그러하듯이
눈꺼풀에 콩깍지가 씌어도
삶에 들어도 삶에 빠지지 말고
죽음에 들어도 죽음에 빠지지 말 일이다
그게 아니든가 혹은 그게 아니든가
물처럼 흐르는 일이 아니든가

숨 쉬며 산천에 눕는 일 쉽게
아무 것도 아니게 못하는 것처럼
그러나 삶은 뜻대로 아니 되듯이
산이나 강에 또는 술에

사랑이나 죽음에 미쳐서 한 번 쯤은 깊이
빠져서 떠오르지 말 일이다

극약 커피

한 잔 커피를 마신다
저물무렵을 독으로 녹여 태우고
땅거미가 옥탑방을 휘감고 내려오면
떨어지는 나뭇잎 사이로 떠가던
그대 옛 그림자가 사는 창가에 앉아
두 번째 독약을 마신다

가을 색으로 살아 앉은 그대 입술은
건넨 한 잔 독약을 마시고
말없이 고개를 꺾었다
무슨 색으로 이별을 말해야 할 지
빈 잔에 담긴 나를 바라보는
그대 푸른 독기

오늘 밤에는 잠도 이루지 말고
내일 밤에는 별도 세지 말고
그대 생각에 오롯이 젖는
지독한 만남을 되새김질해 보리라

죽음을 작정하고 드는

세 번째 잔

내 마음에 풍금

오래된 풍금이 나를 기다렸다
누가 건드려주지 않은 풍금은
굳게 닫힌 입술이 궁금하다
다시 노래를 부를 수 있을까
건반을 두드릴 줄 모르는 나는 그러나
풍금에게 무엇인가를 해주고 싶다

발판에 두 발을 얹고 펌프질을 한다
내가 할 수 있는 일이란
머리 쓰지 않고 몸으로 교감하는 일
말고는 없다 정성을 다하는 풀무질에
허벅지가 탱탱해져 통증이 올 때까지
풍금은 소리하지 않는다

누가 성감대를 깨울 것인가
풍금은 감춰 둔 비명을 토하고 싶다
내가 넣어준 바람을 잔뜩 머금고
입술을 들썩이며 발음되지 않는 소리를

그러나 끝내 내보내지 못한다

마음 맞는 노래가 되지 않아도 좋다
누가 와서 건반을 눌러다오 지긋이
나도 그의 선율이 되고 싶다
간절히 바라는 다리가 저려오고
마음에는 소리가 먼저 내린다

저물녘에 내리는 눈

따뜻함이 그리운 저물녘에 눈이 내린다
맨 먼저 첫눈 속을 걸어 그대에게 간다
지상에 살고 싶은 구름 그림자와 함께
그대 마음 끝에도 내린다면 얼마나 좋으랴
등 뒤 바다 위에 선 하늘은 차갑고
언덕은 하얀 눈으로 구름을 탄다
새 둥지 속 포근함으로 맞아줄 그대는
다시 찾아주는 함박눈처럼 문간에 서서
환하게 웃고 있다면 얼마나 좋으랴
그대 창에 이르기까지 얼마나 좋으랴
안심하고 내 어깨를 덮는 눈처럼
그대 손등이 따뜻하면 얼마나 좋으랴

열애

4월 이맘때면 꼭 몸살을 앓는다
그냥 가면 섭섭할 봄꽃 몸살이
예약대로 방문 앞에 찾아와 주었다
십리 벚꽃 잎 펄펄 날려 신열 오를 때
살갗은 찢겨져 갈기갈기 날아오르고
부서진 뼈마디는 한랭전선에 머문다
누구와 몹쓸 이별을 하고 싶은가
가슴을 콕콕 찌르는 꽃잎 끝없는 추락에
의식은 흩어져 땅에 떨어지고
풀린 눈동자는 강물 위를 떠간다
띄워 보냈던 숱한 편지가 돌아오면
벚나무 숲 몽롱한 거리에 서서
그대 핑크빛 연서가 지는 풍경 속에다
하릴없는 기침을 던져 넣는다

회귀回歸

그대에게 가는 길을 잃고 난 뒤
무작정 북극성을 따라 갔다
망설임은 강물 앞에서 떨고
낯익은 벌판을 버리는 것이
강을 쉬이 건너는 길임을 알았다

그대에게 가는 길은
아침도 저녁 같아 보이는 안개 속에서
키 큰 후박나무 숲을 지나
눈썹 짙은 눈 속 속내 같은 그늘에 빠져
숨도 쉬지 못하고 갈아 앉았다

막다른 그대 이승 끝에 놓인 강은
물안개가 끼고 너무 넓고 아득해서
길은 스스로 어두워져 흩어졌다
등 뒤 하늘은 홀로 깊어갈 뿐
그대에게 가는 길이 구부러져 숨었다

허기진 몸을 강물에 버리고
다시 돌아오리란 다짐도 벗어놓았다
총총히 떠난 발걸음이 가서 닿은
그대 강가에 이르러 길을 찾는다
나는 그대가 버린 노을 그림자다

다리 위에 그 여자

언덕 위에 다리가 걸어간다
늘씬하거나 그렇지 않아도 좋다
다리 위에 엉덩이를 얹은 그 여자
엉덩이 위에 몸통을 얹고 간다
몸통 위에 가슴을 얹고
볼록한 가슴 위에 머리를 얹고
머리 위에 구름을 얹고
구름 위에 하늘을 얹고 다시
하늘 위에 땅을 얹고
땅 위 남은 둥그런 묘지 속으로
그 여자 다리가 걸어간다

그 여자는 언덕 아래
어디론가 사라질 모양이다
지금은 가던 길 위에서 웃는
얼굴만 남는다
죽은 뒤에 웃는 그 여자

능소화

입 안에는 말 못할 이름이 하나 있어
속 타는 그리움으로 밤을 지샌 얼굴이
샛노랗다 못해 하얗게 바래졌다
얼마나 내다보고 싶은 밖이었으면
나무등걸에 몸 걸치고 발돋움했을까
사립문 곁에 두고 가시 울을 타 넘었을까
안 되면 말이나 걸어보지
눈물 쏙 빼고 갇혀 살던 나날에
바람 불어 잎 찢기고 애 태우다
몹쓸 아랫도리만 안짱으로 굽었구나
후둘거리던 마음 끝내 못 잊어서
목 휘감고 애원하다 관두겠지
허리 감고 타오르다 지치면 말겠지
바짓가랑이 붙들고 늘어지다
답 없으면 돌아서겠지
타는 구름 그림자에 몸을 실었다

그리운 금낭화

보고 싶다 간절히 기도하여도
쉬이 섞일 수 없는 시간들
문 앞에서 뿌리로 다지고 다져서
가슴 주머니에 농축해 둔 붉은 입술이
꽃봉오리로 솟아 터지거든
터져서 붉은 핏물 뚝뚝 흘러내리거든
날 불러다오 그대 서늘한 눈썹 끝에
방울방울 먹빛 시간들이 뭉치져서
눈곱으로 툭 떨어져 발등 찍거든
날 찾아다오 젖은 발이 부르터서
기우뚱거리는 몸이 타오르거든
타서 재가 되거든 날 불러다오
화석이 된 굳은 피가 흐르도록
흘러서 그대 가슴주머니에 고이도록
잠 든 내 오색구름을 깨워다오

내 마음에 별

오래도록 그대 우물가에 앉아있었네
하늘에 그대 눈물같은 별이 뜨고
우물 속에서 또한 반짝이는 눈빛이었네
별은 사람들 가슴속에 얼마나 숨어 갔는지
알 수 없네 우물가에서 오래도록
별이 되는 그대를 만나려하네
목마른 사람들이 두레박을 내려
별을 마시고 수없이 하늘에 올라갔지만
별이 된 풀잎은 아무도 없네
물을 떠서 별을 마셔도
별이 되지 못한 새가 끝내
우물가를 떠나지 못하고 남아있네

□발문

낮게 구부러진 길들을 돌아보다

최 영 철

[1]

시인의 집은 부산 초량동 산복도로 가파른 골목 안이었다. 삼십년 가까이 보아온 선배시인의 집에 아직 한 번도 가보지 않았다는 사실에 나는 놀랐다. 그것은 반성해야 할 일이기도 하지만 어떤 의미를 지니는 사건이기도 할 것이다. 동무들과 어울려 밤늦게 술을 마시고 새벽녘이면 삼삼오오 무작정 동년배 시인들의 집으로 쳐들어가던 호기롭던 시절이 있었다. 구십년대 초반쯤의 상황일 것인데 그때에도 시인의 집은 감히 엄두를 내지 못했다. 시인은 70년대 말에 등단한 까마득한 선배였던 것이고 이 '까마득한' 거리는 단순한 나이 차나 등단 차를 의미하는 것은 아니었다. 생물적 나이로 치면 시인과 나는 여섯 살의 격차가 있고 등단 년도 또한 대략 그만큼의 차이가 나는 것이지만 내가 느낀 까마득함은 견고한 산 하나를 대하는 경외감에 다름 아니었다. 군대에 비긴

다면 내가 갓 훈련소를 나온 신참이라면 시인은 근접하기 힘든 중대장쯤 된다고 할까. 소대장이 바로 위의 형님 같다면 대대장은 삼촌이나 큰 아버지 같을 것이다. 대대장 앞에서는 어리광을 부릴 수도, 소대장 앞에서는 때에 따라 맞짱을 뜰 수도 있겠으나 중대장은 이도저도 여의치 않은 집안의 큰형님 같은 자리다. 우리 세대에게 시인은 그런 존재였다. 부산 문단의 위와 아래를 동시에 아우르는 힘겨운 자리에 시인은 오래 서 있었다.

1.

촛점 부서진 볼록렌즈를 끼우고
선명한 것은 위험하다 위험하다
는 논리를 필름에 담고
애당초 어그러진 핀트의 셔터를
누른다 날아가는 갈매기
갈매기는 산에까지 오지 않는다

현상되는 투명한 사건
빛이 들어갔을까요
물이 들어갔을까요 눈에
티끌이 묻어 나온다 렌즈에
투명한 것은 선명한 것이다

호기심 많은 사람들이

객관적인 판단을 망쳐 놓는다
빛이 들어갔어
그늘이 졌어 그것은
해일이 분명해 해일을 본 적이 있어
애당초 어그러진 핀트가 망가진다

2.
촛점 부서진 볼록렌즈가 찍은
불투명한 것은 위험하다 위험하다
는 논리를 필름에 담고
갈매기는 산에서도 산다

현상되는 불투명한 사건
촛점이 맞지 않군
흔들려서 그래 다리에
쥐가 서너 마리 달려나온다
불투명한 것은 선명한 것이다

자존심 많은 사람들이
주관적인 판단을 망쳐 놓는다
좋은 카메라군
좋은 실력자야 그것은
산사태가 분명해 산사태를 보았어
애당초 정직한 핀트가 망가진다

3.

촛점이 맞아 흔들리지 않은
수만 장의 사진이거나 현상되지 않은
수만 장의 버린 필름이거나
사진기는 위험하다 위험하다
는 논리를 담고
날아가는 갈매기

「황씨의 카메라」 전문

시인이 일러준 길을 따라 초량동 옛 침례병원 앞에서 오르막길로 접어들었다. 성분도병원을 지나고 구봉성당을 지나고 초등학교를 지났다. 오른쪽으로 갈 길을 왼쪽으로 잘못 접어들어 차를 돌렸다. 그렇게 점차 길의 상부로 올라서며 뒤를 돌아보니 바다와 산의 중간 지점쯤에 우리가 서 있었다. 그 시점은 시 「황씨의 카메라」가 설정한 '갈매기는 산에까지 오지 않는' 지점이었다. 산복도로에서 바라보는 드넓은 바다는 황씨의 카메라가 포착하고 싶으나 잘 포착되지 않는, 아직은 희망이 멀게 느껴지는 지점일 것이다. 현실과 꿈이 쉽게 조우하지 못하는 우울한 상황은 '빛이 들어갔을까요/물이 들어갔을까요 눈에/티끌이 묻어나온다'와 같은 문제상황으로 표출되고 '그늘이 졌어 그것은/해일이 분명해 해일을 본 적이 있어/애당초 어그러진 핀트가 망가진다'와 같은 절망으로 심화된다. 그렇다고 이 고지대의 삶에 아주 희망이 없는 것은 아니어서 사람들은 '촛점 부서진 볼록렌즈'로 산에 사는 갈매기를 렌즈에 담아내지만 그 불투명한 희망은 불확실한 근거로 하여 위험한 것으로 그려진다. '촛점이 맞지 않군/흔들려서 그래 다리에/쥐가 서너 마리 달려나온다'와 같은 자의식이 이어지고, 그 상실감의 책임은 '산사태가 분명해 산사태를 보았어/애당초 정직한 핀트가 망가진다'처럼 대사회적인 문제로 확장된다. '현상되지 않은/수만 장의 버린 필름'이지만 그 위험한 희망을 안고 갈매기는 날아오른다. 저 아래 내려다보이는 부두를 박차고 날아오르는 갈매기 떼가 보였다.

[2]

나는 부산문단에서도 몇 남지 않은 비면허 희귀종인지라 차는 소설가 조명숙이 운전하고 있었다. 그녀도 시인의 집에 가보고 싶다고 했다. 다랑이 논처럼 산의 복부를 갈라놓은 산복도로를 지나 또 다른 산복도로에 이르기 전의 막다른 공터에 시인이 마중 나와 있었다. 더러 새로 올린 말쑥한 집들이 있었으나 예전 그대로의 집들이 정감 있게 다가오는 골목이었다. 계단이 많은, 구부러지고 휘어진 좁은 길이었다.

시인은 헐떡이며 따라오는 우리를 위해 잠시 걸음을 멈추고 자주 뒤를 돌아보았다. 그 뒤를 돌아봄. 그것이야말로 시인의 시 전체를 관통하는 하나의 키워드일 것이다. 높은 산복도로에 살고 있으나 사실은 낮은 자리로 내몰린 것에 다름 아닌 이웃들을 돌아보는 것, 낮은 자리에 피어났으나 사실은 가장 높은 하늘의 기운을 받아 꽃을 피운 산의 생명들을 돌아보는 것. 시인의 시는 이렇게 앞서고 높고 찬란한 것을 올려다보는 것이 아니라 낮고 뒤쳐진 것을 돌아보는 시선을 일관되게 유지해 왔다.

날 추락시키지 않고 산복도로
높은 지위를 유지해 준 것 고맙다
아침저녁 걸었어도 물리지 않던 길, 늘
부산항을 툭 터서 가슴 높이로 보여 주었고
멧비둘기 머리 위로 가끔 지나
까치 노래에 배시시 웃음 띠던 출근길
두 다리를 떠받들어 너를 걸었다
비 오는 날 젖은 발로 새겨 넣던 몸 생각에
쿵쾅거리는 소리로 너를 불렀지만
그때도 너는 흔들리지 않고 새 신부
처음 얼굴로 날 받아 주었다
고맙다 내려다보며 목이 메던 길

「자주 걷는 길—산복도로 · 100」 전문

좌판 위에서 종일토록
가랑비를 맞고 있다
내장에까지 젖는 빗소리
맨살에 닿는다

매서운 눈 꼬리를 치켜뜨고
산을 넘고 넘어서
이웃은 그냥 지나가 버리고
일어설 수 없는 비늘
터지면서 부러지면서
끝끝내 까무라친다

껍질 벗긴 꼼장어가 맨살로 엉겨
꼬무작거리고 있다
좌판 위에서 최후까지
목이 쉬어 남아 있는 바다
천천히 토해 내면서
이글이글 불타고 있다
여름 햇살
붉은 팔뚝으로 남정네들이 떠나간 바다
떠나서 돌아오지 않는 바다를
큰물로 앉아 꿈틀거린다

「생선장수—산복도로 · 10」 전문

낮고 가난하고 외진 상황을 드러내는 방식은 크게 보아 두 가지가 있다. 앞의 시가 가리워진 희망을 찾아내 그 외진 길에 따스한 햇살 한 다발을 뿌려주고 있다면 뒤의 시는 그것이 처한 혼곤한 상황을 드러내는 전략을 취하고 있다. 이 두 전략은 각각이 처한 상황에 따라 적절히 구사되고 혼재되어 쓰여진다. 희망이 없다면 희망을 건져 올려 보여줄 일이고 방만하고 나태해졌다면 지금 잠시 망각하고 있는 본연의 야성을 드러내 보여줄 일이다. 시인이 지금 걷고 있는 「자주 걷는 길」은 산복도로 사람들을 자주 한탄과 절망에 이르게 하는 길일 것인데 시인은 그 길의 의미를 뒤집어서 보여준다. 숨을 몰아쉬며 오르내려야 하는 비탈길은 고단한 하층민의 길이 아니라 날 추락시키지 않고 높은 지위를 유지해 준 길이며, 아침저녁 걸었어도 물리지 않는 길, 부산항을 툭 터서 가슴 높이로 보여 준 길, 멧비둘기 까치 노래가 두 다리를 떠받들었던 길, 흔들리지 않고 새 신부처음 얼굴로 날 받아 주었던 길이다. 산복도로의 의미가 거기서 그쳤다면 그것은 지나친 위안일 뻔했다. 시인이 드러내는 산복도로의 희망이 설득력을 갖는 것은 그 아래 이어진 시 「생선장수」가 있기 때문이다. 이 시는 산복도로가 쟁취한 희망이 그냥 얻어진 게 아니라 오랜 줄다리기 끝에 얻은 성과임을 보여준다. 이 시의 최종 도달점인 꼼장어의 꿈틀거림은 어떤 난관에도 굴하지 않는 끈질긴 생명력의 발산이다. 꼼장어로 대변된 산복도로 사람들의 삶은 난장에서 종일토록 가랑비를 맞았으며, 매서운 눈 꼬리를 치켜뜨고 험난한 고개를 안간힘으로 넘었으며, 터지고 부러지고 까무라치며 온 길이다. 그리고 뜨거운 불판 위에서 껍질 벗겨져 맨살로 엉겨 꼬무작거리고 있다. 이글이글 불타고 있다. 떠나서 돌아오지 않는 바다를 애타게 부르고 있다.

[3]

시인의 집으로 가는 길이 시를 읽으며 짐작했던 풍경과 크게 다르지 않아 나는 안심했다. 이 답답한 시간을 뛰어넘는 현실 너머의 새로운 세계를 열어 보이는 시가 필요한 지점이 여기가 아닌가. 아직 여전히 현실로부터 소외된 낮고 외진 자리의 세계를 드러내는 일은 중요하다. 단순한 재현이 아닌, 거기에 없는 희망의 옷을 입히고 거기에 없는 절망의 날개를 달아주는 일은 문학이 영원히 포기할 수 없는 일이다. 대로를 걷는 시인도 있어야 하지만 이런 골목을 걷는 시인도 있어야 한다. 그래서 대로만이 희망이 아니라 이 구부러진 골목에도 여전히 희망이 존재하고 있다는 것을 보여주어야 한다. 이 구부러진 골목에도 사람들이 살고 있다는 것을 말해주어야 한다.

눈 선한 사람이 구름처럼 모여 살았다
바다도 더 많이 찾아와 주고
진하게 놀다가는 별이 있는 하늘동네
갈라섰다 다시 만나는 사람 일처럼
만났다 갈라지는 것이 골목이 할 일이다

「구부러진 골목-산복도로 · 76」 일부

좁은 시멘트 계단을 올라가 2층 마루에 둘러앉

았다. 시인의 아내는 작은 탁자에 술과 과일을 차려주었다. 집의 전체적인 외장보다 2층 내부가 유독 깔끔해 의아해하다가 지난 해 얼핏 들었던 화재사건이 생각났다. 세탁기를 틀어놓고 외출했다가 세탁기 과열로 불이 나 세간을 다 태웠다는 이야기. 그 바람에 세탁기 회사에서 2층 전체를 깔끔하게 리모델링해주었다고 했다. 그렇게 불이 날 정도의 세탁기를 쓰고 있었으니 알뜰한 살림살이는 짐작하고도 남겠다. 우리 역시 30년 결혼생활에 길에서 얻은 세간이 수두룩하다. 고정 수입이 없는 우리야 그렇다손 쳐도 삼십년 넘게 교직에 몸담은 시인의 살림이 이렇게 소박한 것에 놀랐다. 그 소박함은 이를테면 자녀들의 이름을 지은 것에서도 드러난다. 첫째 따님의 이름을 유앤으로 둘째 이드님의 이름을 리우로 지은 것인데 이름만 들어서는 단박 이해가 가지 않는다. 사연인즉 이렇다. 유앤은 유엔데이에 태어났다고 하여 붙인 이름이고, 리우는 이국적으로 들리겠지만 성이 붙은 강리우를 거꾸로 읽었을 때 비로소 고개가 끄덕여진다. 우리강, 얼마나 좋은 이름인가. 마침 두 자녀분이 휴일이라 집에 쉬고 있던 터여서 이름 때문에 어릴 적 놀림을 받지는 않았느냐고 물었다. 놀림을 받긴 했지만 크게 개의치 않았다는 표정이다. 그러고 보니 아이들의 이름을 우리는 너무 거창하고 무겁게 지어 주었다. 자신들이 못다 한 꿈과 이상을 주렁주렁 달아주었다. 그런 면에서도 시인은 소박하다. 권위적이지 않다.

가정의 운용도 그러하지만 부산 문화계의 이런 저런 중책을 맡아 일할 때도 시인은 한번도 권위적이지 않았다. 후배들과 함께 자리 정돈을 하고 현수막을 걸고 발송 작업을 하고, 술잔을 나누었다. 술값은 또 번번이 혼자 다 뒤집어썼다. 뻔한 교원 봉급으로 그렇게 후한 살림을 살았으니 시인의 집이 이렇게 단출한 건 어쩌면 당연한 일인지도 모른다. 낡은 세탁기가 불이 날 정도로 살림을 알뜰하게 산 시인의 집은 그래서 더욱 단란하고 따스한 기운이 넘쳤다.

옆으로 누워 드는 잠은
무너지기 쉽다
엎어져 버리거나 뒤집어져 버리거나
잠이 끝날 때까지는
자주 자주 목이 마른다
이웃의 어깨 너머로 보이는 이웃들의
엎어지지 않고 뒤집어지지 않고
용케 드는 잠
마루바닥에 날을 세워
차가움은 뼈 속 깊이 사무쳐도
이웃과 이웃의 어깨에 부딪혀
끈끈한 체온 속으로 실어 나른다
호명 당하여 떠나 간 이웃
돌아오지 못할 때

오, 옆으로 누워 드는 잠은
자주 자주 목이 마른다

「칼잠」 전문

시인의 잠은 편안할 수 없다. 위풍당당 활개를 펴고 잠드는 것이 아니라, 옆으로 무너질 것처럼 아슬아슬, 엎어지거나 뒤집어져 버릴 것처럼 위태위태했다. 집 떠난 이웃, 거처를 찾지 못한 이웃, 시리고 주린 이웃들의 밤을 생각하기 때문이다. 시인의 덕목은 자신의 주변 공간, 바라보는 대상에 대한 무한한 사랑을 일종의 부채감으로 가지고 가는 것이다. 그 부채감은 자신을 둘러싼 세계의 파장을, 그 세계의 희로애락을 자신의 것으로 했을 때 형성된다. 산복도로에 40년 넘게 깃들어 살면서 시인은 산복도로의 이웃들을 사랑하게 되었고 그 자신 산복도로가 되었다. 시인의 산복도로 연작시는 산복도로를 향한 무한한 사랑 고백인 것이며 그것이 준 선물을 조금이라도 되돌려주고자 한 부채감의 표현이다. 지난 해 봄 새시집 『산복도로』를 냈을 때 시인은 한 신문과의 인터뷰에서 '30년 묵은 빚에서 이제야 벗어난 듯 홀가분하다. 그동안 부채감이 깊었나 보다. 이제 자유롭고 객관적으로 산복도로를 바라볼 수 있을 것 같다'고 했다. 시인의 속내란 게 다 그런 게 아니겠는가. 타자의 아픔과 고통이 모두 자기 때문인 것만 같은 것, 그것을 모두 끌어안고 자기화하려는 존재가 시인이 아닌가. 최근 개봉했던 이창동 감독의 영화 〈시〉에서 윤정희가 그랬던 것처럼.

[4]

시인은 1950년 사변동이다. 그것은 생사를 장담할 수 없는 절박한 전쟁 상황에서 태어나 유년기를 보냈다는 점에서 여타의 전후세대와는 다른 의미를 갖는다. 그렇게 경남 산청에서 태어나 1957년 경찰공무원이었던 부친을 따라 전남으로 갔고 함평과 여수의 초등학교를 옮겨 다녔다. 시인이 부산으로 온 것은 1963년, 우리 나이로 열네살이었고 예순에 이른 지금까지 살고 있다. 교사 생활을 시작하며 잠깐 경남 의령에 살았던 것을 빼면 시인은 47년동안 부산에 살고 있다. 지금의 초량동 산복도로 집은 1967년부터 지금까지 살고 있고, 1981년 결혼해 딸 유앤이 태어나고 1983년 아들 리우가 태어났다. 시인의 산복도로에 대한 애정이 우연이 아님을 증명한다. 십대 후반부터 지금까지 생의 대부분을 깃들어 살았으니 시인의 몸과 정신은 산복도로와 삼위일체일 것이다.

시인의 시적 이력은 1974년 동아대 재학 중 동아문학상 시부 입선, 〈자정〉 문학동인 활동. 시화전 개최 등으로 불꽃이 점화되고, 1977년 동아일보 신춘문예 시 입선과 1979년 〈현대문학〉 시 천료, 1980년 동아일보 신춘문예 시조 당선 등으로 본격화된다. 그리고 1980년 이윤택 엄국현 박태일

강유정과 함께 〈열린시〉 동인지를 내고, 1984년 무크지 『지평』 편집동인으로 참가하면서 뜨겁게 달구어진다. 그 이후 시인의 지역문학운동과 문화운동은 조금도 쉬지 않고 최근까지 이어졌다. 좋은 세상을 향한 끝없는 희구가 있었기에 가능했다.

어스름 안개 속으로 다리를 절며
강물이 가고 있다
점점 죽어가고 있다
버리고 버린 물들이 모여
파랗게 죽어 가는 강물 속에서
산이 버린 물 내(川)가 버린 물
서로 서로 얼굴을 부빈다
얽히고 뒤섞여 깨지고 부서져
알아 볼 수 없이 일그러진다
바다에 이르면 소금에 절이어
숨을 죽이고
강물은 형체도 없이 바다가 되어
산이 그리워 내가 그리워
밤낮으로 해안에 와 부딪힌다
부서지고 끝없이 죽어 간다

「江물」 전문

시인은 이처럼 버려지고 부서지고 일그러지고 깨지고 썩어가고 죽어가는 것들을 가만 두고 볼 수가 없었을 것이다. '산이 그리워 내가 그리워/ 밤낮으로 해안에 와 부딪'히는 것들, '부서지고 끝없이 죽어'가는 것들을 그냥 두고 볼 수가 없었을 것이다. 활화산처럼 쉬지 않고 끓어 넘쳤던 시는 그래서 쓰여졌고, 다급한 상황에 대한 응전이었던 사회문화운동 역시 그래서 가능했다. 특히 시인이 여러 문학 사회단체의 초대 대표를 맡았던 사실에 주목해야 한다. 시인은 80년대부터 현재에 이르기까지 부산 문화운동의 산파역을 맡으며 궂은일을 도맡아왔다. 그러면서도 어른 흉내를 도통 내지 않았으니 그 원천은 낮은 곳을 향해 열려있던 시인 정신이었다. 그렇게 여러 일에 동분서주하면서도 시인의 시는 조금도 지치거나 늙지 않았다. 여전히 푸르고 싱싱하다. 지금까지 열여덟권의 시집을 냈고 이주홍문학상과 부산작가상을 받았다. 작품 활동 삼십년에 이만하면 부지런한 소출이다. 그동안 후배 시인들은 눈덩이처럼 불어났지만 바로 옆의 큰 시인을 제대로 알아보지 못하는 눈치다. 창작의 고통은 지난하고 그 보상은 늦고 미미한 법이지만 시인은 애초에 그런 보상에는 크게 관심이 없다. 2008년에는 혼탁하고 무기력한 지역 시단을 살려보려고 영호남과 제주를 아우르는 엔솔로지 〈남부詩〉를 창간해 발행을 맡았다. 시인들의 주머니를 조금씩 털었지만 올해 낸 2호는 제작비의 절반이 시인 부부가 운영하는 출판사 〈책펴냄열린시〉의 부채가 되었다. 그 이야기를 꺼내자 시인의 아내는 하하 웃고 만다. 산과 같다. 시원한 바람이 솔솔 불어오는. 시인도 시인의 아내도 구름보다 높은 산과 같다.

이 땅에도
구름보다 더 높은 산이 하나 있었으면 좋겠다
산에 오르는 것이 구름 위에 오르는 것보다 더 환하게
그리고 날개 단 듯 가볍게 산에 올라
발아래 지나는 구름 바라보면
산새도 부럽지 않은 마음을 열게 이 땅에도
산새보다 더 높이 오를 산이 있어
물은 나를 낮추고 산은 너를 높여 주었으면
좋겠다 그 산에 매일 들어
휘파람으로 새를 불렀으면 좋겠다
아니 그것은 구름보다 더 포근한 산이 하나 있어
높이보다 부피가 더 큰 산이 내 마음에도
하나쯤 꼭 있었으면 좋겠다

「구름보다 높은 산 -연하봉」 전문

*월간 〈현대시〉 2010년 7월호 카버스토리로 게재된 글을 재수록 합니다.

▣ 강영환 姜永奐 연보

□1950년 한국전쟁이 나던 해 경남 산청군 산청읍 범학리 780번지에서 姜相鎬 氏와 徐又達 女史의 삼남 이녀 중 차남으로 태어나 일곱 살 때까지 성장.

□1957년 경찰공무원이었던 부친을 따라 전라남도 함평군 함평읍으로 옮겨가 함평초등학교 입학, 이후 해보초등학교, 학다리초등학교 등으로 전학 다님. 여수 중앙초등학교로 전학, 전라도에서 소년기를 보냄.

□1963년 부산으로 옮겨 와 봉래초등학교 졸업.

□1964년-1966년 부산남중학교 입학, 졸업.

□1967년-1970년 부산공업고등학교 토목과 입학, 졸업.

□1970년 3월-10월 토목설계사무소 근무.

□1971년-1975년 동아대학교 상경대학 경영학과 입학, 졸업.

□1974년 11월 동아대학교 제10회 동아문학상 시부 「겨울나무」 입선. 재학 시 《자정》 문학동인 참가, 동인지 발간.

□1975년-1976년 방위소집으로 군복무.

□1977년 동아일보 신춘문예에 시 「공중의 꽃」(심사위원-김우창, 구상)으로 가작입선. 3월 경남 의령여자고등학교에서 교편을 잡기 시작.

□1978년 해운대여자상업고등학교로 전근. 《현대문학》 10월호에 시 부분 초회 추천.

□1979년 선화여자상업고등학교로 근무처를 옮김. 《현대문학》 11월호에 시 「강물」, 「박쥐」, 「늑대」, 「여

름에 핀 가을 꽃」외로 완료 추천을 받음. (필명 姜山淸, 천자 신동집).

□1980년 1월 동아일보 신춘문예에 시조 「南海」당선. (심사위원-김상옥, 이근배) 3월 이윤택, 엄국현, 박태일, 강유정과 함께 〈열린시〉 동인 결성, 동인지 첫호를 발간.

□1981년 1월 31일 최명자와 결혼. 10월 딸 유앤 출생.

□1983년 첫시집 『칼잠』(시로출판사) 상재. 4월 아들 리우 출생.

□1984년 무크지 『지평』 편집 참가.

□1986년 요산 김정한 선생을 모시고 〈5 · 7문학협의회〉 결성. 초대 총무간사.

□1987년 첫시조집 『북창을 열고』(시로출판사) 상재.

□1988년 제2시집 『불순한 일기 속에서 개나리가 피었다』상재. (가마골 출판사)

□1989년 선화여상 〈평교사협의회〉 초대회장.

□1990년 〈부산 · 경남 젊은시인회의〉 결성. 초대의장. 6월 부산시인협회 등산인 클럽 「시오름」 조직.

□1990년~1998년 부산일보사 여성문예 선자.

□1991년 제3시집 『이웃 속으로』상재 (책펴냄열린시) 부산시인협회 초대 사무국장. 〈나무아래〉 동인 결성. 이후 동인지 《나무아래》 7호까지 발간

□1992년 제4시집 『쓸쓸한 책상』(책펴냄열린시) 상재.

□1993년 제5시집 『황인종의 시내버스』(빛남출판사) 상재. 부산시인협회 이사. 환경 관련 소책자 『풀나무돌』 4호까지 발간.

□1994년 제6시집 『길 안의 사랑』(빛남출판사) 상재.

□1995년 정순영 시인과 함께 월간 시전문지 《월간 열린시》 창간, 편집주간.

□1997년 제7시집, 장시 『놈-철들무렵』상권 (책펴냄열린시) 상재.

□1998년 1월호로 《월간 열린시》 휴간 (통권 34호) 제8시집 현대시 씨디롬 시집 『블랙커피』(한국문연) 상재. 《열린시조》 편집위원.

□1999년 5월 제9시집 『눈물』(책펴냄열린시)

□2000년 2월-2002년 2월 (사)민족문학작가회의 이사. 2월-2001년 2월 부산민족문학작가회의 부회장. 4월-2001년 4월 부산교통방송국 근교산행 안내방송.

□2001년 4월 강은교 시인과 함께 「금요일의 시인들」결성. 5월 시낭송 행사 《시바다》 해운대 추리문학관에서 시작. 5월 19일 부산민족예술인총연합 창립준비위원회 위원장. 10월 24일 부산민족예술인총연합 창립, 초대 회장. 10월 31일 제 2시조집 『南海』(태학사) 상재.

□2002년 3월 8일 (사) 한국민족예술인총연합 상임이사. 3월 15일 (사) 부산민주항쟁기념사업회 이사. 5월 1일 제 10시집 『뒷강물』상재 (책펴냄열린시) 9월 30일 〈희망 2002 개혁연대(희망연대)〉 공동대표. 10월 30일 지방분권운동 부산본부 공동대표. 12월 28일 부산민족예술인총연합 제 2대 회장.

□2003년 7월 31일 제11시집 『푸른 짝사랑에 들다』 상재 (책펴냄열린시)

□2004년 노무현 대통령 탄핵무효, 민주수호 부산범 시민대책회의(촛불집회) 공동대표. 부산국제영화제 조직위원회 위원. 금정산생명문화축전 조직위원장. 시청자주권협의회 공동대표.

□2005년 1월 부산민족예술인총연합 제 3대 회장. 3월 15일 〈시바다〉를 접고 시낭송회 〈따스한 만남〉을

열다. 5월 제12시집 『불무장등』상재 (책펴냄열린시) 12월 제13시집 『집을 버리다』상재. (신생) 한국문화예술위원회 우수도서 선정.

□2006년 2월 한국민족예술인총연합 상임이사. 5월 시집 『불무장등』으로 제26회 이주홍문학상 수상.

□2007년 5월 7일 제14시집 『벽소령』상재 (책펴냄열린시)

□2008년 2월 19일~9월 8일까지 국제신문에 '시가 있는 산' 30회 연재. 9월 5일 제15시집 『그리운 치밭목』상재(책펴냄열린시) 12월 시집 『그리운 치밭목』으로 제 8회 부산작가상 수상. 9월 〈남부詩〉 결성. 초대 편집위원 (윤상운, 최영철, 이병구, 류명선과 함께)

□2009년 1월 15일 《남부詩》 창간호 발간. 5월 제16시집 『산복도로』 상재 (책펴냄열린시), 9월~익년 6월 영산대 평생교육원 시창작반 지도.

□2010년 5월 《남부詩》 2호 발간. 10월 제17시집 『울 밖 낮은 기침소리』 상재 (책펴냄열린시)